Tomi Ungerer

Zwischen

MARIANNE

und

GERMANIA

Herausgegeben von
Wilhelm Hornbostel

Prestel

München · London · New York

Inhalt

»Aus Spöttern werden oft Propheten«

von Wilhelm Hornbostel

Da hängt er nun, der kleine Mann, als Strumpfhalter und mit weit aufgerissenen Augen, und versucht, Mariannes und Germanias knappe Kleidungsstücke zusammenzuhalten. Es ist ein Elsässer, der die mühevolle Arbeit leistet und auf dessen Rücken auch sonst der krähende gallische Hahn und der mürrische germanische Adler ihre Schaukelspiele austragen. Tomi Ungerer ist der Elsässer par excellence! Er hat die wechselvolle Geschichte seiner Heimat als jahrhundertelanger Prellbock zwischen Deutschland und Frankreich wie kaum ein zweiter in sich aufgenommen und künstlerisch verarbeitet. Das Elsaß war über Jahrzehnte Zankapfel und Bindeglied zugleich, der Rhein bildete eine empfindliche Nahtstelle zwischen den beiden mißtrauischen Nachbarn. Das hat sich Gott sei Dank geändert. Tomi, der gebürtige Straßburger, hat für die Beruhigung des deutsch-französischen Gefühlshaushaltes mit seinen köstlichen Zeichnungen mehr getan als so mancher Politiker. Tomi ist auf beiden Seiten des Rheins eine moralische Instanz, von vielen geliebt und bewundert. Er zählt zu den leuchtenden Beispielen des deutsch-französischen Zusammengehens.

Tomi Ungerer ist Heimatfreund und polyglotter Weltbürger zugleich. Straßburg ist für ihn immer wieder ein vielgeliebter Rückzugsort, jenes altehrwürdige Straßburg, dessen charmante Altstadt sich wie eine monumentale Puppenstube eng an das übermächtige Münster schmiegt.

Hier ist der Künstler bekannt wie ein bunter Hund, hier wird er geradezu verehrt, und im Schatten des Münsters wird zu seinem 70. Geburtstag auch das Tomi-Ungerer-Museum seine Pforten öffnen. Nicht nur den Freunden der Zeichnung werden dort die Augen übergehen.

Tomi Ungerer ist eine der imponierendsten Zeichnerpersönlichkeiten dieses Jahrhunderts. Nur wenige können ihm das Wasser reichen – wobei seine Arbeiten keiner weitschweifigen kunsthistorischen Erläuterung bedürfen. Alles an diesem künstlerischen Tausendsassa, an diesem Themenvielfraß und Multitalent ist legendär: die Zahl seiner Zeichnungen ebenso wie die Zahl seiner künstlerischen Neuanfänge. Er vermag sich zu häuten wie kaum ein zweiter. Immer wieder hat er eigenständige, neue Bildsprachen entwickelt und diese zu bemerkenswerter Höhe geführt. Sein plakativer Bildwitz ist umwerfend, sein Einfallsreichtum phänomenal. Seine Hellsichtigkeit ist bewundernswert. Hoffen wir, daß Shakespeare recht hat, wenn er in *König Lear* sagt: »Aus Spöttern werden oft Propheten.«

Hinter allem Tun steht bei Tomi Ungerer eine unersättliche Neugier auf möglichst viele Aspekte dieser Welt – wohlwissend, daß die Menschheit sich wie in einem Tollhaus aufführt. Dabei zielt er in seinen Zeichnungen weniger auf die eigene Existenz als vielmehr auf das Allgemeingültige. Es geht um menschliche Grundsituationen wie Krieg und Frieden, um die Nöte der Gedemütigten, die Arroganz der Herrschenden, um Recht und Unrecht, um Freuden, Schwächen und Laster und vieles mehr. Seit seinen frühen Jahren ist er ebenso ein *homo ludens* wie ein *homo politicus* – scharfsinnig und pointiert, frech und erfrischend, parteiergreifend für die Schwachen und mit einem stark entwickelten Gerechtigkeitssinn ausgestattet. Langeweile kommt bei ihm nicht auf – nicht bei seiner Illustrierung deutschen Liedgutes und schon gar nicht bei der Darstellung jener Folterinstrumente, die in der Hamburger Herbertstraße genußbringend zum Einsatz kommen.

Tomi Ungerers Leben und sein facettenreiches Künstlertum vollziehen sich in scharfen Kontrasten und bilden doch eine überzeugende Einheit. Er, der ernsthafte Spaßvogel, der Spötter und Philosoph, kennt keine Ressentiments. Vorurteilsfrei und augenzwinkernd betrachtet er die Menschen. Er kennt Gott und die Welt, und so mancher bildet sich viel darauf ein, mit ihm persönlich bekannt und ihm nahe zu sein. Amüsant und schlagfertig ist er ein unübertroffener Verführer seiner Umgebung, der sich nichts vom Leibe hält. Die Öffentlichkeit wird regelmäßig von einem wahren Ungerer-Fieber erfaßt. Er verfügt über eine nahezu grenzenlose Popularität, die er durchaus auch genießt. Bei aller Geselligkeit und aller Unterhaltsamkeit ist freilich das Moment des Melancholischen nicht zu übersehen. Seine Augen können Bände sprechen. Möge unser Menschenfreund sich auch weiterhin seinen Mut und seine Entschlossenheit bewahren, möge er weiterhin Hirn und Auge nicht als Gegensatz empfinden und möge er das bleiben, was Pastor Lorenzen in seiner Totenrede auf den alten Stechlin so unübertrefflich formuliert hat, daß nämlich ein Mann und ein Kind das Beste seien, was wir sein können.

Prolog: Kind und Krieg

Diese Folge von Zeichnungen hat zum Thema: das kleine Elsaß zwischen Frankreich und Deutschland, in Europa.

Ich bin 1931 in Straßburg geboren, die Nazis kamen 1940, der Krieg endete 1945. Diese Zeiten haben mich markiert. Die elsässische Jugend wurde zwangsmässig in den Arbeitsdienst, dann in die Wehrmacht als Kanonenfutter eingezogen.
Das Elsaß hat sieben Mal mehr Menschen pro capita im Krieg verloren als die Franzosen. Und bewiesen wurde, nach dem Krieg, daß nur 3,5% der Elsässer mit den Nazis kollaborierten. Ganz anders im Falle Frankreichs, wo der Maréchal Pétain, Held vom Ersten Weltkrieg, die französische Bevölkerung in die Kollaboration leitete. Ironisch, besonders auch die Kommunisten machten mit, von dem Deutsch-Sowjetischen Pakt wissend.
Jedoch nach dem Krieg, mit unserem elsässischen Akzent, waren wir Elsässer als ›sales boches‹ beschimpft. Als die Franzosen zurückkamen, wurden sie als Befreier begrüßt – für mich war es bald die größte Enttäuschung meines Lebens.
Elsässisch wurde verboten, und für ein Wort in der Schule wurden wir bestraft.
Und nun, seit einigen Jahren dürfen wir im Elsaß Deutsch und Elsässisch in den Kindergärten und Grundschulen unterrichten.
Ich habe meine Heimat, kein Vaterland. Ich sage immer »Ich bin Elsässer«, nicht Franzose und auch nicht Deutscher. Das Elsaß liegt zwischen Frankreich und Deutschland, eine Mischung von Schlaraffenland und Schlachtfeldern; die Geschichte hat uns nicht geschont, und wir haben viel gelitten. Im Dreißigjährigen Krieg allein wurde ein Drittel der Bevölkerung niedergemetzelt, und im September 1939 wurden innerhalb von 24 Stunden 380 000 Elsässer nach Südwestfrankreich evakuiert. Ich sagte immer, das Elsaß ist wie eine Toilette, immer besetzt. Jetzt unter dem Segen der Deutsch-Französischen Freundschaft, unter dem besternten

Etikett von einem Schulheft, 1941

europäischen Himmel hat sich vieles geändert. Jedoch leidet der Elsässer immer noch unter Unsicherheitsgefühlen und einer zerspaltenen Identität. Was bin ich? Durch das Pendeln zwischen zwei Mächten haben wir genug Zweifel, um gut zu vergleichen. Die Relativität füttert unseren Humor, einen Humor (wie das Jüdische oder Irische) der Minorität.

Diese Zeichnungen zeigen auch, wie meine Kriegserfahrungen mich fürs Leben geprägt haben. Unter dem Joch der Nazis, im Kolmarer Brückenkopf als 13jähriger am Schützengraben, die Front, während des Krieges ein Gefangenenlager vis à vis vor unserem Haus, und dann die Verachtung der zurückkehrenden Franzosen.

Als Junge habe ich alles, was ich sah, gezeichnet, wie ein kleiner Reporter. Mein ganzes Leben habe ich weitergezeichnet und geschrieben.

Spielkarte ›Schwarzer Peter‹, 1943/44

Mein elsässischer Humor hat mir geholfen, meinen inneren Zorn, Ekel und Verdruß zu überwinden und die Menschen zu respektieren und zu mögen, solange sie ihre Arroganz unterdrücken. – Es ist leicht zu vergeben, aber nicht zu vergessen. Also Spaß gegen Haß!

Aus meinem Schulheft, 1941

Deutsche Touristen im Elsaß, 1943

Ohne Titel, 1948

Der lieben Großmama zum Dank – Tomi, 1941

Unser Nachbar wird verhaftet, 1940

Deutschland! 1943

Ohne Titel, 1946

Pst, Feind hört mit, 1949

Ohne Titel, 1944

Auf dem Weg zur Gefangenschaft, 1945

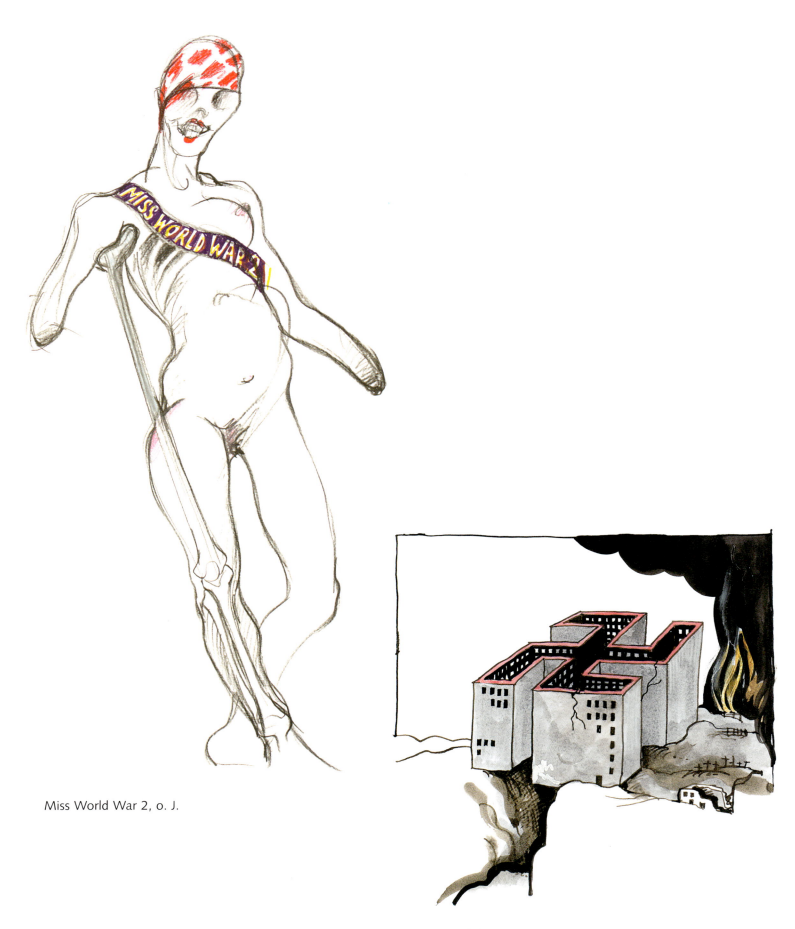

Miss World War 2, o. J.

Die Ruinen sind die Monumente eines Krieges, 1998

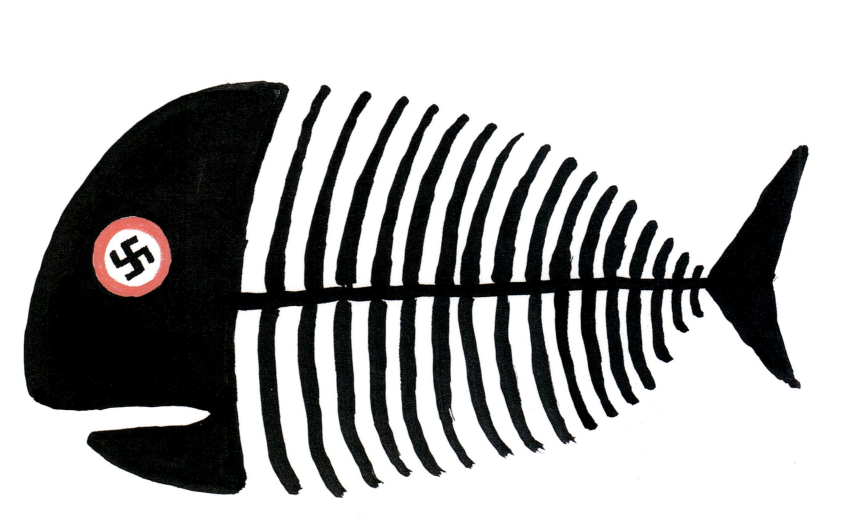

Schwarzes Tier, 1994

Am Anfang war das Ende

1945: Hinter uns ein Krieg, einer von vielen.

Mit ›Kraft und Freude‹ lag die Welt in Trümmern.

Jeder Mensch hatte den Krieg verloren, doch mit Erleichterung gab es wieder Hoffnung: »Ich weiß, es wird einmal ein Wunder geschehen«, wenn wir uns wieder verstehen.

Schuldgefühl

Mitgegangen, mitgehangen, 1998

Ohne Titel (Demontierte Vergangenheit), 1981/82

Im Zoo (Affen SS), 1980/89

Die Kollaboration unter dem Teppich, 1999

Nach dem Krieg (Kriegserinnerungen), 1977/79

Die Versöhnung, 1979

Souvenir, 1977/79

Die Last der Vergangenheit, 1998

Zwischen Hammer und Amboß, 1998

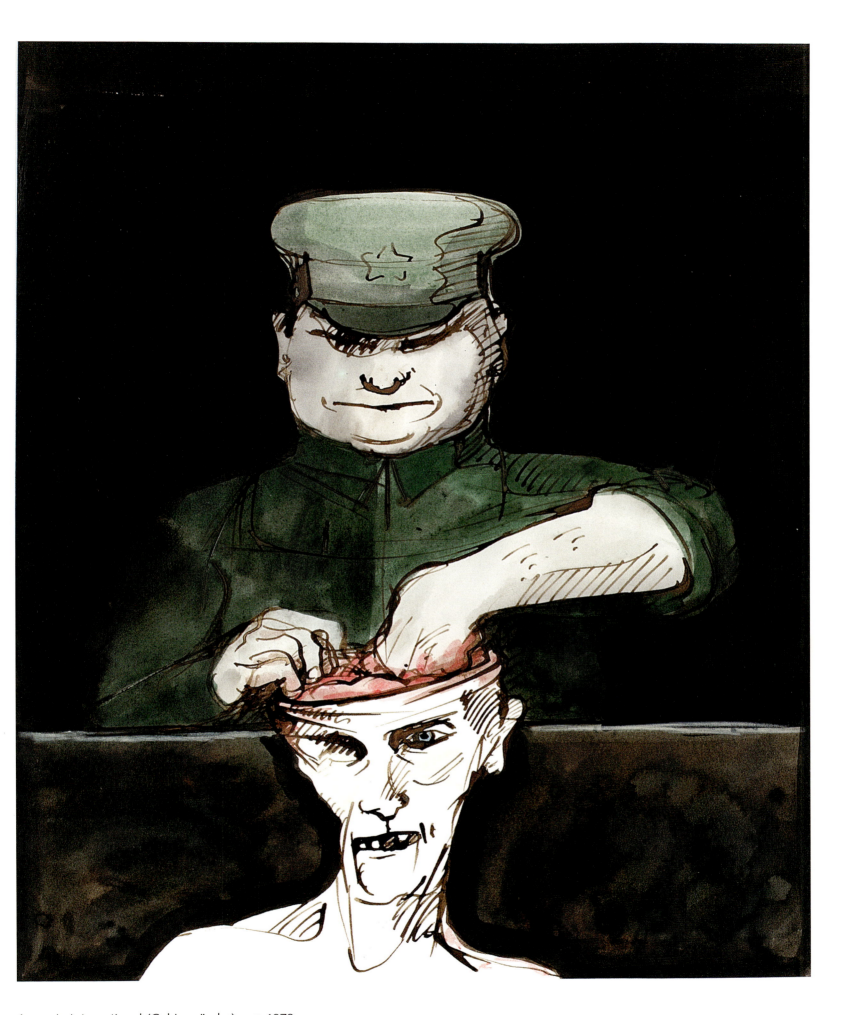

Amnesie International (Gehirnwäsche), um 1979

Marianne

In 200 Jahren ist sie auch nicht jünger geworden –
aber sie lebt noch, verstopft mit Erinnerungen.
Die Menschen sind ungleich geboren, krepieren alle gleich.
Die Menschenrechte sind leider nicht waagrecht…
»De Gaulle war der letzte, der mich noch schön fand«,
erinnert sich Marianne. »Mit ihm habe ich meine Wechseljahre
durchgedrechselt.«

Perspektiven 1989

Tête à tête, 1989

La conception de l'empire, 1989

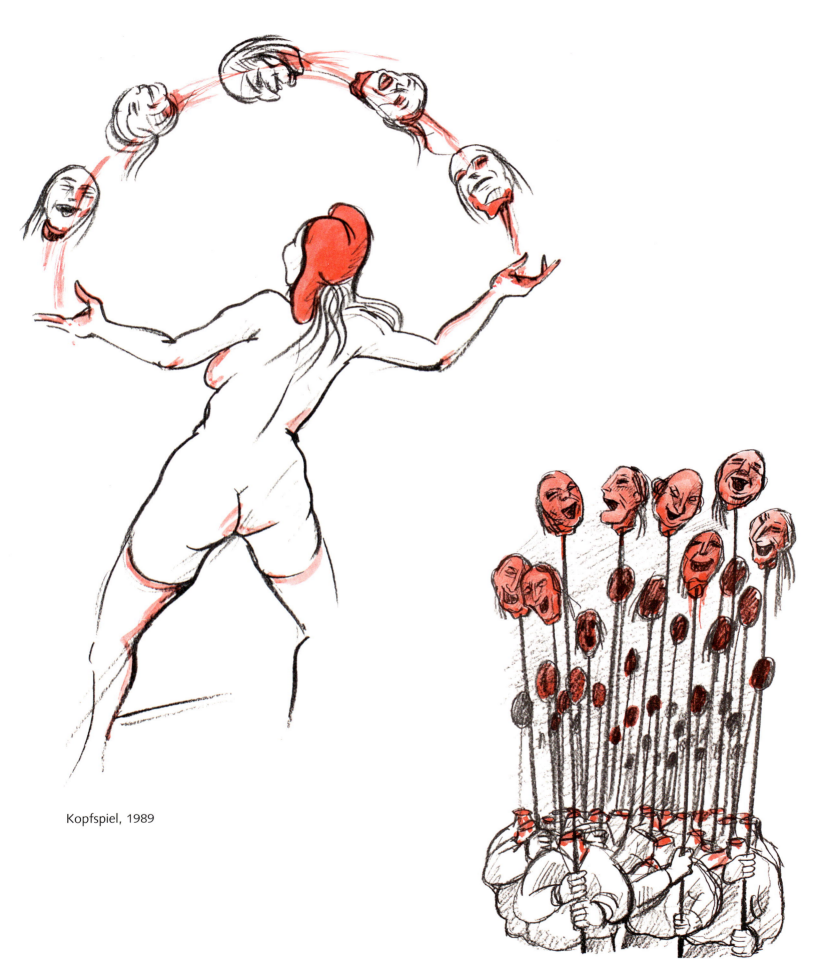

Kopfspiel, 1989

Hoch die Köpfe – alle Menschen krepieren gleich, 1989

Egalité, Fraternité, Eternité, 1989

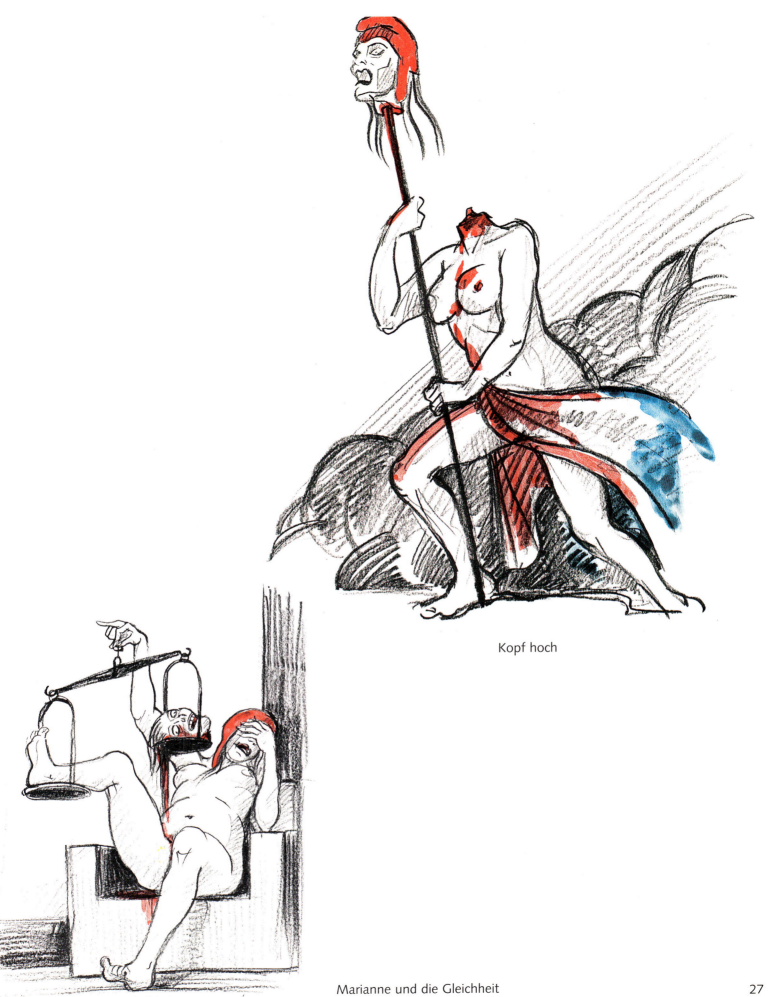

Kopf hoch

Marianne und die Gleichheit

Frankreich und Deutschland

Germania und Marianne: Heute ›zwei Herzen im Dreivierteltakt‹ der Wiedervereinigung – nicht leicht nach Jahrhunderten von Streit und Krieg. Jetzt heißt es Spaß gegen Haß.
»Es geht alles vorüber, es geht alles vorbei, wir sind Schwestern und Brüder, nichts bringt uns entzwei.«

Marianne und Germania 2, 1992

Marianne und Germania, 1999

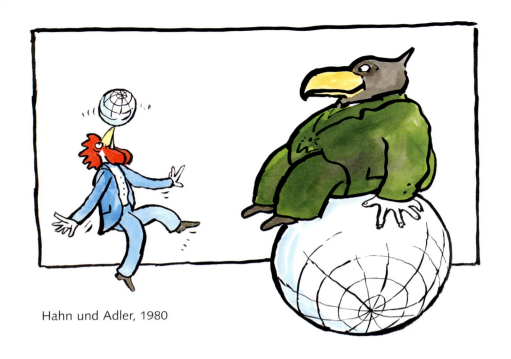

Hahn und Adler, 1980

Der Vergleich, 1980

Das Elsaß ist ein Loch zwischen Frankreich und Deutschland, 1999

Freundschaft, 1995

Partnerschaft, 1999

Ohne Titel (Plakat für das ›Rheinfest‹), 1987

Freie Räder (Tour de France), 1999

Die Freiheit im Elsaß, 1998

Mein Elsaß

Ein ›No Man's Land‹ zwischen Frankreich und Deutschland
mit zerspaltener Identität im Pendeln eines endlosen Hin und Her.
Wie eine Toilette: immer besetzt und besessen. Was bin ich?
Und jetzt! Ein Brückenkopf zwischen Kulturen.
Das Elsaß: eine schön geheilte Wunde auf der Karte Europas.

Das Elsaß ist ein halber Planet, oder: das ›No Man's Land‹ Elsaß, 1995

Was bin Ich ?

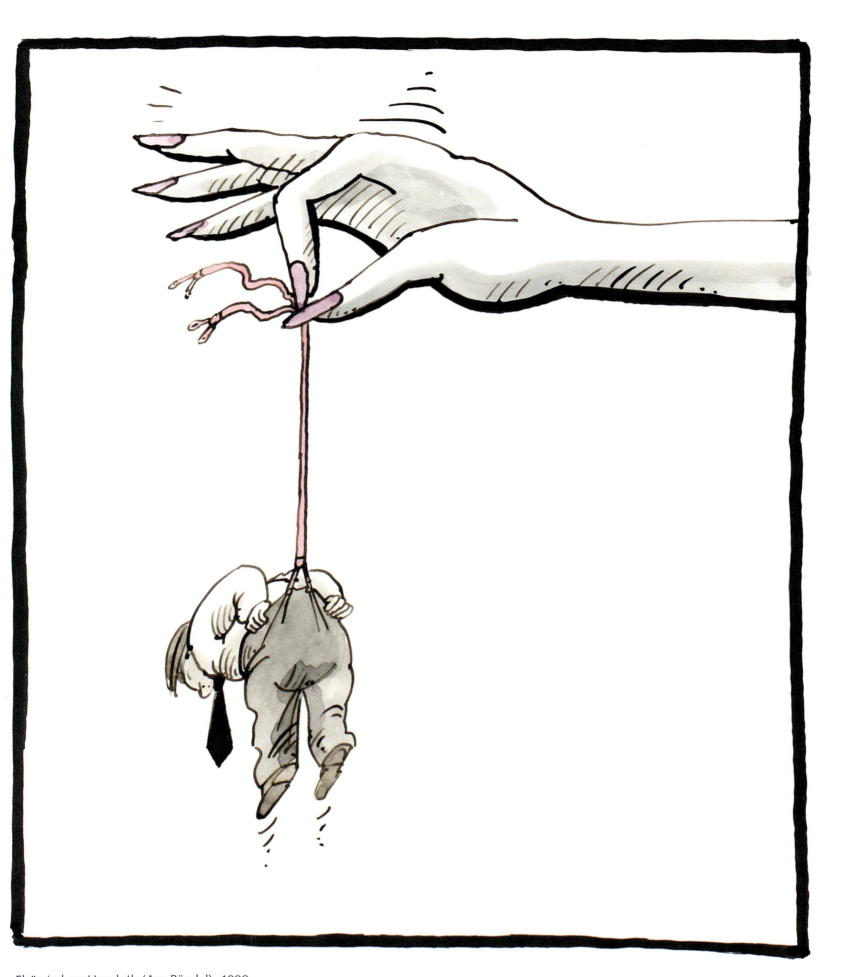

Elsässischer ›Hoselotl‹ (Am Bändel), 1998

Ohne Titel, 1996

Excorporé de force, 1996

Widerstandsbewegung im Elsaß, 1996

Wo der Fuchs den Enten predigt, 1992

Für Fr. und D. gefallen, 1990

Zwangseingegliedert, 1985

Sprachverbot, 1989

Storch, Storch, du hast keine Chance, um 1980

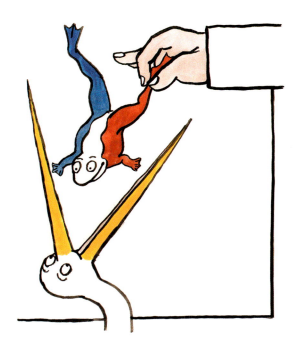

Frankreich ans Elsaß geben, um 1980

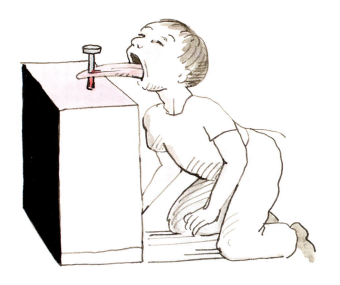

Wie uns die Zunge gewachsen ist, 1998

Mutter Elsaß (Genug für beide), 1994

Das Narrenschiff, 1994

Freßkultur Elsaß, 1994

SUR LE FLEUVE DE LA CHOUCROUTE
AUF DEM SAUERKRAUT FLUSS
L'ALSACIEN POURSUIT SA ROUTE
MIT WITZ UND GENUSS

Auf dem Sauerkrautfluß, oder: Indian Summer, 1996

Straß'cook, 1993

Straß'bier, 1993

Straßburger Musikfestival, 1994

SAUVEZ LE MATRIMOINE

Elsässische Wechseljahre (Rettet die Ehe), 1994

Das Straßburger Münster verläßt die Stadt, 1988

Rosarotes Leben, 1999

Die doppelte Identität, 1995

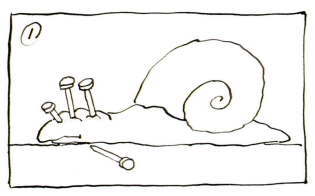 

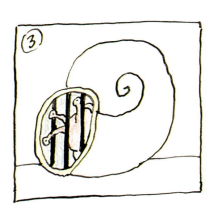 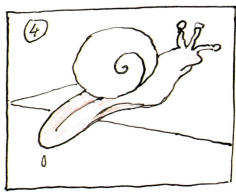 

  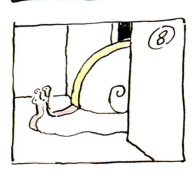

ESCARGOTISME ALSACIEN.–

① Masochiste
② Complexé
③ Paranoïac.
④ Languisant.
⑤ victimisé –
⑥ Farfelu –
⑦ Caméléoniste
⑧ Passe partout
⑨ Auto critique un peu fou ! –

Elsässische Schneckerei, 1994

Elsässische Klagemauer, 1997

Endlich Europäer, 1994

Les allemands

Die Deutschen oder Teutonen bleiben, wie sie sind, die Elsässer bleiben, was sie sind, die Franzosen auch. Gäbe es keine Volkscharakteristik, dann wären die Menschen langweilig gleich – und ich als Satiriker arbeitslos.

Einmal in einer Bierstube in München beobachtete ich einen typischen Gast. In meinem Notizbüchlein beschrieb ich ihn mit einem Wort: ›Ein Topfgesicht‹.

Wunderweise, 1998

Vati hat Geburtstag, 1970

Herr und Frau Müller am Strand, 1997

Sylt, Sylt, 1980

Die Bundesbahn, 1989

Der Veteran, 1989

Industrieller, 1977/79

Wirtschaftswunder, 1995

Krupp-Sphinx, 1999

Weiß sehen, weiß hören, weiß tragen
mit schwarzem Schlips (Gastarbeiter), 1995

Avanti populi (Einkaufsbereit), 1977/79

…was Du uns bescheret hast, 1979

Die Wand der Maurer, 1997

Berlin, 1998

Held der Arbeit der DDR,
1977/79

Arbeitslos, 1977/79

Wahlkämpfer, 1995

Neofaschismus, 1994

Wiedervereinigung, 1994

Europa

In der ganzen Weltgeschichte gab es nie einen so gut gepflegten Wohlstand wie bei uns jetzt in Europa. Demokratien, in denen jede Heimat ihre Sterne pflegt. Wir haben es gut, obwohl Europa auch seine Schwäche zeigt. Eine Brüsselosis befällt die labyrinthische Administration, und so weiter. Immerhin sind wir, Gott sei Dank, keine Amerikaner.

Die Diva von Europa, 1998

Plakat für den Europarat, 1994

Europa via Elsaß
(Heimat deine Sterne), 1992

Straß'europa (Der Europarat), 1993

Euroorgie, 1998

Alle für eins

Brüssellosis, 1998

Superstaat Europa, 1998

Gleichheit, 1998

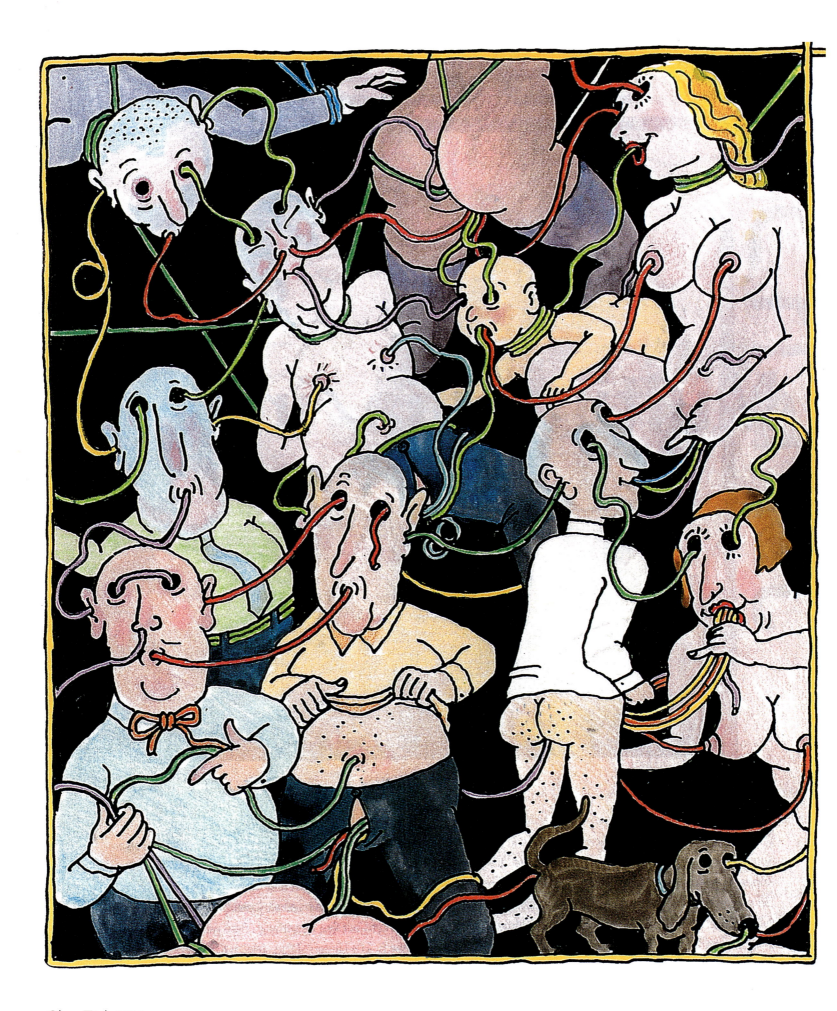

Ohne Titel, 1996

Ohne Titel, 1998

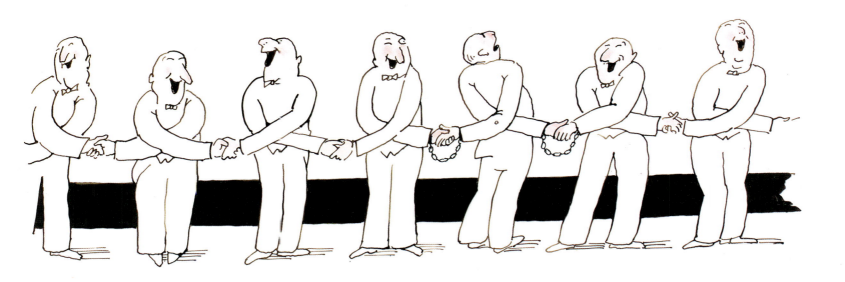

Die Union hat die Kraft, 1998

Epilog: Wohin?

Ist das Woher schlimmer als das Wohin? Die Zukunft bringt neue Probleme mit sich, dafür sind Zauberlehrlinge zuständig, auch geschickte Universitätsgurken mit 80% Wassergehalt, die das alles analysieren.

Ich bin kein Pessimist, nur ein Realist in einer Konsumgesellschaft. Ich kann nur beobachten, und was ich sehe, ist ein Urwald von Fragezeichen. Ich sehe schwarz, der Mensch wird ein egoistisches Sparschwein, denkt nur ans Geld und vergißt, sich als Mensch zu benehmen. Wir hinterlassen einen Müllhaufen. Die Menschen singen nicht mehr, das Fernsehen singt für sie.

Die neue Generation, 1995

Ohne Titel, 1995

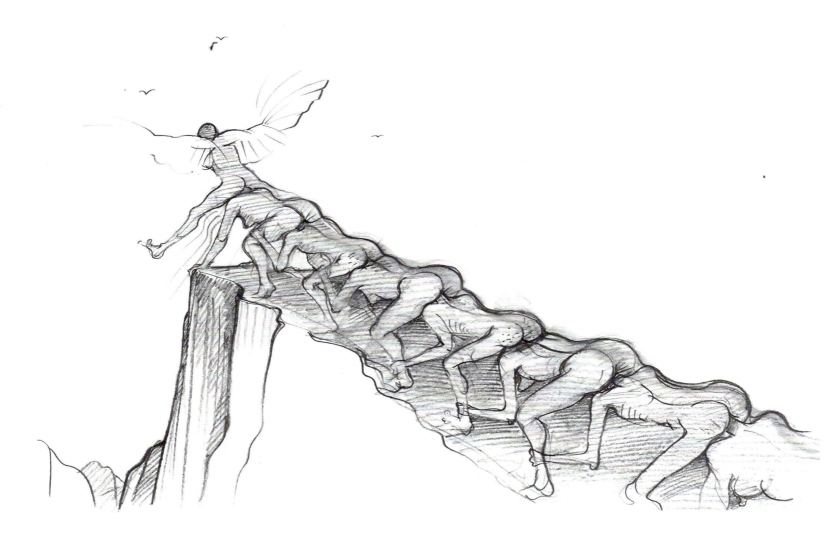

Taking off, 1977/79

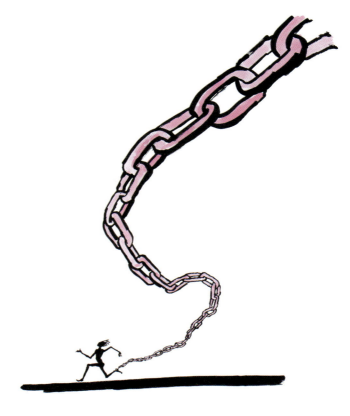

Kettenreaktionär, 1995

Ohne Titel, 1980

Ohne Titel, 1995

Ohne Titel, 1996

Ohne Titel, 1995

Ohne Titel, 1995

MEHR LICHT !

Aids-Plakat für Ardi, 1993

Im Wald, 1998

Die Zukunft? 1995

Im schönsten Wiesengrunde

von Jürgen W. Braun

Ein Künstler und ein Unternehmer verabreden sich. Zunächst geht es nur um eine Idee für eine Werbekampagne. Zu beider Überraschung steht am Ende ein Ausstellungskonzept. Ganz nebenbei sind auch noch ein paar neue Produkte dazugekommen. Eine Idee gebiert die nächste. Ein kleines Lehrbeispiel zum Stichwort Kreativität.

Mai 1998. Herr Kreutz, Inhaber unserer gleichnamigen Werbeagentur in Düsseldorf, und ich haben einen Termin bei Tomi Ungerer erhalten. Mit dem ICE machen wir uns nach Süden in Richtung Schwarzwald auf. Irgendwo im schönsten Wiesengrunde hat sich Tomi Ungerer dort zur Erholung zurückgezogen.
Zur Vorbereitung auf das Treffen blättern wir in einigen von Tomi Ungerers Büchern. Außerdem überfliegen wir mit wachsender Begeisterung seine Jugenderinnerungen, die den Titel seines Lieblingsliedes tragen: *Die Gedanken sind frei*. Dann müssen wir uns leider auf die Spurensuche konzentrieren. Sie führt uns von Freiburg mit der Bimmelbahn nach Bad Krotzingen. Dort steigen wir in einen Schienenbus um. Endstation Wiesental. Kein Taxi weit und breit, aber ein vollbesetzter Schulbus. Mit großem Hallo werden die beiden älteren Semester begrüßt, nachdem Herr Kreutz gleich beim Einstieg verkündete, daß hinter ihm eine lebendige Türklinke den Wagen besteigen wird, was mir immerhin prompt einen Sitzplatz sowie mehrere Autogrammwünsche einbringt.
Eine Viertelstunde später hält der Bus im Flecken Spielweg. Nach wenigen Schritten stehen wir vor Tomi Ungerers Domizil. Herr Kreutz setzt sich auf die sonnige Gasthausterrasse, ich lasse mir mein Zimmer zeigen und greife dann zum Telefonhörer: »Tomi, nous sommes arrivés.« »Bien, mon cher, je descends.« Im Gang vor unseren Zimmern treffen wir aufeinander. »Attendez, je vais vous faire voir quelque chose.« Tomi zieht mich in sein Zimmer und zeigt mir einen am Vortag frisch geschnittenen Stock, dessen Griff er bereits mit Schnitzwerk verziert hat. Mit kindlichem Stolz lauscht er meinen Lobesworten. Der Bann ist gebrochen, ›sans trop de paroles‹. Und Herr Kreutz staunt nicht schlecht, als wir – wie alte Freunde – lachend die Terrasse betreten. »Na, was

wollt Ihr denn«, fragt uns Tomi Ungerer. »Gut zu Mittagessen und ganz nebenbei über eine Werbeidee plauschen«, antworten wir. Während des Essens zieht Herr Kreutz Tomis Buch *Schnipp Schnapp* aus der Reisetasche und legt es aufgeschlagen auf den Tisch. Tomi blättert interessiert darin, erläutert uns versteckte Finessen und lacht über seine eigenen Einfälle. Wir fragen ihn daraufhin, ob er nicht in ähnlicher Weise auch unsere Türklinken verfremden könne. Statt einer Antwort greift er zu einem Stift und beginnt zu skizzieren: einen Dackel mit Klinken-Ohren, ein Rhinozeros mit einem Fenstergriff-Horn und so weiter. Wir sitzen staunend dabei. »So etwa?«, fragt er uns. »Ja, ja, genau so!« »Wie viele denn?«, fragt Tomi nach. »Zwölf, bitte«. »Okay, im September treffen wir uns in Straßburg, dann bin ich fertig.« Zufrieden verläßt Herr Kreutz den Mittagstisch, um seinen Zug nach Düsseldorf nicht zu verpassen. Ich verabrede mich mit Tomi zum Abendessen.

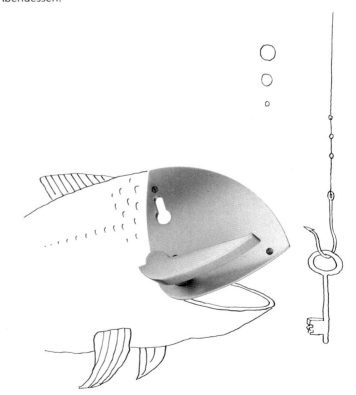

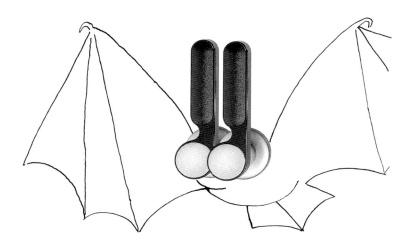

Am nächsten Morgen fragt mich eine neugierige Dame am Frühstücksbüffet, welcher Nationalität mein abendlicher Tischgefährte und ich seien: französischer, englischer oder deutscher? Unser polyglottes abendliches Tischgespräch war anscheinend nicht ganz unbemerkt geblieben. Verständlicherweise hatten wir doch zwischen Vor- und Nachspeise alle Probleme dieser Welt gelöst, wobei vor allem Tomi zu Hochform aufgelaufen war: Er erklärte die charakterlichen Unterschiede zwischen Deutschen und Franzosen, entwarf ein Ausstellungskonzept für seine in Hamburg geplante Präsentation, konzipierte dafür einen Türenparcours, für den ich verrückte Türklinken zuliefern sollte (Fahrradlenker, Wasserhähne, Hämmer und dergleichen). Zu guter Letzt schlug er vor, wir sollten doch aus unseren Schlüsselschildern Brillen konstruieren, damit wir künftig die Welt durchs eigene Schlüsselloch betrachten könnten. Auch meinte er, man solle in seinem Alter einen vernünftigen Spazierstock besitzen, am besten einen mit einer Türklinke als Griff. Was blieb mir bei so viel Anregungen anderes übrig, als Tomi gedanklich und sprachlich über viele Grenzen hinweg hinterherzulaufen.

Straßburg, September 1998. Tomi hat mich in freundschaftlicher Fürsorge in einem Hotel im Schatten des Münsters untergebracht. Mein Zimmer liegt direkt über der Weinstube. Es regnet. Kaum angekommen, klingelt das Telefon. »Monsieur Braun, Tomi Ungerer vous attend!«. Ich steige die steile Treppe herab und erstatte Tomi Bericht. Alle Prototypen der von ihm in Spielweg ausgedachten ›ready mades‹ finden sein Wohlgefallen. Aus seiner Manteltasche zieht er einen kompletten Set seiner Schnipp-Schnapp-Türklinkenserie. Ich bin begeistert. Wir trinken einige Gläser Wein, und er erzählt von seinem Sommer in Irland. Ich berichte ihm, daß ich mich knapp 150 km südlich von ihm in der Bretagne angesiedelt habe. Tomi skizziert daraufhin die geographische Lage von Three Castles und St. Tugen. Er berichtet mir, daß die irischen Fischer der Ansicht seien, vor der bretonischen Küste stünden die besseren Fische, während meine bretonischen Landsleute, so sage ich ihm, die Meinung verträten, der irische Fisch schmecke besser. Tomi schlägt vor, wir sollten diese wechselseitige Wertschätzung ausnutzen, um uns in den kommenden Sommern kostenfrei gegenseitig zu besuchen. Nachdem diese neue Idee mit einem letzten Glas Wein besiegelt wurde, schreiten wir zweimal um das Münster und verabreden uns für den nächsten Morgen.

Am frühen Vormittag des folgenden Tages lerne ich einen neuen Tomi Ungerer kennen. Gut ausgeschlafen erwartet er mich in seinem Elternhaus. Ich überreiche ihm meine Prototypen: Türklinken-Spazierstöcke und Rosetten-Brillen. Tomi wirft sofort einen Trenchcoat über seine Schultern, setzt einen breiten schwarzen Schlapphut auf, installiert die Rosetten-Brille auf seiner Nase, greift zum Türklinken-Spazierstock und paradiert stolz wie ein Pfau und selig wie ein Kind vor seinen vielen Spiegeln – alles nur als Probe für die bevorstehende Rückkehr seiner Frau Yvonne, die in der Stadt Einkäufe tätigt. Gleich zweimal werde ich an diesem Vormittag zum amüsierten Zuschauer eines wunderbaren Schauspiels. Damit aber nicht genug. Am späteren Vormittag statten wir Thérèse Willer im Centre Tomi Ungerer einen Besuch ab und gehen mit ihr anschließend zum Mittagessen. Zwischen Thérèse und mir ›Monsieur Tomi‹, wie ihn die Straßburger kennen und lieben, als lebendige Litfaßsäule für FSB: Brille und Krückstock werden allgemein bestaunt.

Später, auf meiner Fahrt zum Bahnhof, macht mir der Taxifahrer noch einmal klar, welche Verehrung mein neuer Freund in seiner Heimatstadt genießt: »Vous savez, Monsieur, a Strasbourg il n'y a que deux choses a voir, notre Münster et notre Monsieur Tomi.« Ich mag beide und bin sehr zufrieden. Während der Rückreise studiere ich die französische Vorstudie für *Die Gedanken sind frei*. Tomi hatte mir *A la guerre comme à la guerre* als Reiselektüre mitgegeben. Diese Kindheitserinnerungen an die Nazizeit sollten im Mittelpunkt der Hamburger Ausstellung stehen, aus meiner Sicht ein interessanter Kontrapunkt zu der am gleichen Ort aus der Taufe gehobenen Wehrmachtsausstellung, weniger brutal, aber genauso eindeutig und überzeugend.

Ins Weserbergland zurückgekehrt, bemühe ich mich um einen Kontakt zum Direktor des Hamburger Museums für Kunst und Gewerbe, Professor Wilhelm Hornbostel. Als Tomi Ungerers Botschafter erläutere ich unsere gemeinsam erarbeiteten Gedanken. Professor Hornbostel verspricht einen baldigen Besuch in Brakel – und kommt auch: Eines Tages steht er mit künstlerisch gestalteter Fahrzeugantenne vor unseren Fabriktoren. Er bewundert die ersten Prototypen der ›ready mades‹. Wir gehen zusammen nach Bad Driburg ins Gräfliche Parkhotel zum Mittagessen und treffen zufällig auf einen Freund und Förderer des Hamburger Museums, Graf Wedel.

Mai 1999. Rückkehr in den ›schönsten Wiesengrund‹. Ein ganzes Wochenende mit Tomi Ungerer in Spielweg. Dazu ein enger Zeit- und Arbeitsplan. Feinkonzept für die Hamburger Ausstellung, Plakatentwürfe, Detailstudien zum Türenparcours, Abnahme der endgültigen Gestaltung der ›ready mades‹ und Suche nach einem roten Faden für die Fortsetzung unserer Schnipp-Schnapp-Türklinkenwerbung.

Während die ländliche Blasmusik am Sonntag die Spaziergänger erheitert, sitzen Tomi und ich auf der Terrasse vor seinem Appartement und stellen alle bisher diskutierten Ideen in Frage. An die Stelle einer kleinen Retrospektive sollen den Kindheitserinnerungen nun Charakterstudien der Grenzländer Frankreich, Deutschland und Elsaß zur Seite gestellt werden: ›Das Elsaß als Tür zwischen Frankreich und Deutschland‹ oder auch ›Der Blick durch das Elsässer Schlüsselloch‹. Tomi hinterfrägt, skizziert und diskutiert. Schnell hat er mich für das Ausstellungsplakat begeistert: ein Türrahmen, in dem sich Marianne und Germania begegnen. Genau durch diesen Türrahmen sind sie marschiert: Von Ost nach West und West nach Ost. Der Blick durch das Schlüsselloch unserer Rosetten-Brillen macht plötzlich Sinn. Tomi atmet erleichtert auf und notiert sich, was er während der Sommermonate in Irland für diese Ausstellung alles noch zu erarbeiten hat. Was aber würden die Hamburger Ausstellungsmacher zu unserem Gesinnungswechsel sagen? Tomi verläßt sich auf mein diplomatisches Geschick. Da wir in der gleichen Woche in der Hamburger Wochenzeitung ›Die Zeit‹ eine ganzseitige Anzeige mit Tomis Türklinken-Phantasien geplant hatten und allen interessierten Lesern auf Anfrage bestätigen wollten, daß sie sich schon einmal den Ausstellungstermin vom

19.12.1999 bis 13.2.2000 in den Kalender eintragen sollten, fiel es mir leicht, unsere neuen Ideen nach Hamburg weiterzugeben und zu einem Verabschiedungstermin im September nach Straßburg einzuladen. Entspannung fanden wir an jenem Wochenende nur vor dem Fernsehschirm. Tomi bestand darauf, den Start der Formel 1 in Barcelona anzuschauen. Parallel dazu durfte ich die neusten Entwürfe von zwei Kinderbüchern durchblättern: die Geschichte einer Frieden spendenden blauen Wolke und den Erlebnisbericht eines lebenslustigen Skelettes, dem die Friedhofsruhe auf die Nerven gefallen war. Von soviel sonntäglicher Arbeit erschöpft, beschlossen wir, zum Abendessen unsere Umwelt ein wenig zu erheitern. Wir setzten unsere Rosetten-Brillen auf, griffen zu unseren Türklinken-Spazierstöcken und betraten die sonnige Terrasse des Gasthauses. Erstaunt stellten wir fest, daß uns die mitgebrachten Utensilien anscheinend unsichtbar gemacht hatten. Nur verstohlen blickte man zu uns herüber. Niemand lachte oder richtete die Worte an uns. Enttäuscht bestellten wir eine Karaffe Wein und sannen darüber nach, wie wir wohl die Aufmerksamkeit unserer Umwelt auf uns lenken könnten. Die Inhaber des Gasthofes halfen uns aus der Verlegenheit. Als sie mit ihren abendlichen Honneurs an den Tisch der beiden traurigen Ritter traten, entdeckten sie auf Anhieb unsere seltsamen Mitbringsel, nahmen sich umgehend der Dinge an und stolzierten damit unter großem Applaus über die Terrasse. Wohlgelaunt klang der Abend aus.

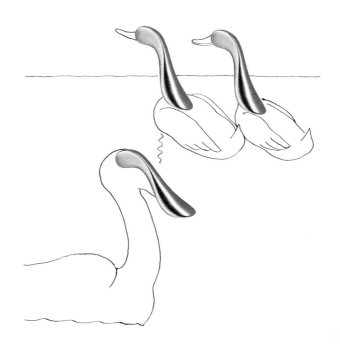

Das Elsaß ist die Tür
zwischen Frankreich und Deutschland

(Türenparcours von Tomi Ungerer für das Museum für Kunst und Gewerbe, Hamburg)

von Jürgen W. Braun

Marianne und Viktoria, beide splitternackt, begegnen sich an der Elsässer Türschwelle. Neugierig nehmen die Damen Maß. Zwischen ihnen auf der Grenze ein großes schwarzes Loch, das alle Erinnerungen an die gemeinsame Vergangenheit verschluckt zu haben scheint. Tomi Ungerer hat sich über das schwarze Loch gebeugt und lange hineingeblickt. Dann hat er sich aufgerichtet und einige Erinnerungen ans Tageslicht zurückgezaubert:

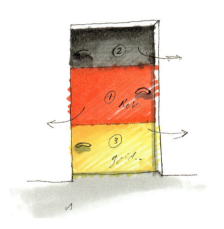

Die deutsche Tür
Das Türblatt der deutschen Tür ist in drei gleiche Teile unterteilt. Einigkeit und Recht und Freiheit. Schwarz und Rot und Gold. Trotz dieser Klarheit ist die Tür komplex aufgebaut. Zwei Türblätter sind rechts und das dazwischen liegende mittlere Blatt links aufgehängt. Außerdem sind die Türblätter miteinander verfalzt. Mit welcher der drei Klinken gelingt das Öffnen und der Durchstieg? Als Griffe bietet Tomi Ungerer solide Hämmer an.

Die Sargdeckeltür
In einer breiten Türzarge hängen zwei Sargdeckel als Türblätter. Öffnet man die Türen, so stößt man auf Elsässer Erde, in der ein Doppelkreuz steckt, das von einem französischen und einem deutschen Stahlhelm geziert wird. Als Griffe setzte Tomi Ungerer saubere Nägel ein.

Die französische Tür
Drei Türen in einer Tür. Groß, größer, am größten.
Blau, Weiß, Rot. Für jeden Citoyen eine eigene Tür.
Als Griffe wählte Tomi Ungerer Schneebesen in
unterschiedlicher Größe.

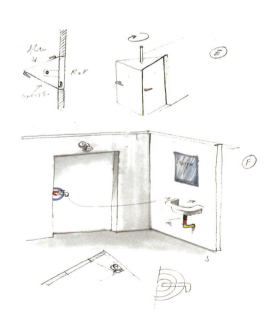

Die Pilatus-Tür
Die Pilatus-Tür hat Tomi Ungerer mit Griffen aus
Wasserhähnen ausgerüstet. Öffnet man das Türblatt,
so schwingt einer der Hähne zu einem seitlich
montierten Becken. Die Wasserhähne sitzen auf
blau-weiß-roten Türschilden. Das Wasserbecken hat
einen schwarz-rot-goldenen Abfluß. Spiegel und
Brause tragen die Farben des Elsaß. Wer reicht hier
wem das Wasser?

Die Elsässer-Tür

Das Türblatt der Elsässer Tür ist mittig drehbar aufgehängt. Beim Öffnen dreht sich das Türblatt um sich selbst. Auf beiden Seiten ist die Tür hälftig in den Elsässer Farben Rot und Weiß gestrichen. Ganz gleich, ob der Wind aus West oder Ost bläst, die Elsässer Tür fällt immer korrekt ins Schloß. Als Griffe bestimmte Tomi Ungerer Fahrradlenker und Fahrradpedale.

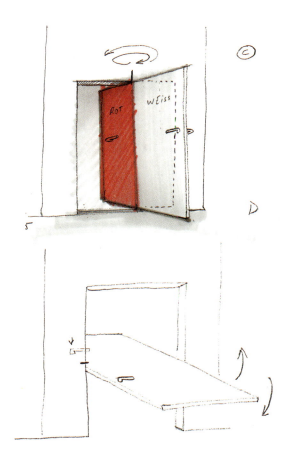

Die europäische Tür

Das halbkreisförmige Türblatt hängt in Türrahmen und Zarge. Das Begehen dieser Tür verlangt ein Umdenken. Beim Öffnen und Schließen zeichnet man ungewollt die Form des schwarzen Loches des Vergessens nach. Außerdem dreht man sich einmal um sich selbst. Die Türblätter erinnern in Blau und Weiß an den europäischen Sternenhimmel. Als Griffe ließ Tomi Ungerer Kurbeln von Kaffeemühlen montieren.

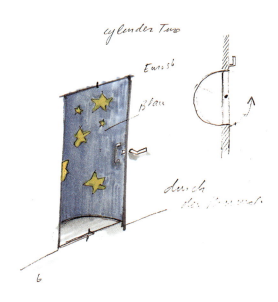

Die Sammlung Tomi Ungerer der Musées de Strasbourg

von Thérèse Willer

Seit dem Beginn seiner Laufbahn hat Tomi Ungerer immer wieder Museen und öffentliche Sammlungen in der ganzen Welt mit eigenen Werken beschenkt. So kommt es, daß die Originalzeichnungen seiner ersten Kinderbücher (von *Mellops* bis zu *Der Mondmann*) in den USA in der Free Library von Philadelphia und in der Kerlan Collection von Minneapolis aufbewahrt werden. Später haben dann auch europäische Museen wie das Wilhelm-Busch-Museum in Hannover, das Münchner Stadtmuseum und das Erotic Art Museum in Hamburg verschiedene Werbegruppen satirischer, erotischer Zeichnungen oder Werbegrafiken von ihm erhalten.

Gleichwohl ist Straßburg, der Geburtsstadt des Künstlers, das Privileg zuteil geworden, heute über die bedeutendste Sammlung von Werken Tomi Ungerers zu verfügen. Diese beruht auf zwei bedeutenden Schenkungen aus den Jahren 1975 und 1991 sowie auf weiteren, der Stadt seither regelmäßig im Jahresrhythmus überlassenen Werken. Der gesamte Bestand umfaßt derzeit 8000 Originalzeichnungen, 2000 Plakate und Grafiken, mehrere Skulpturen sowie eine umfangreiche Werkdokumentation. Abgerundet wird der Komplex durch die persönliche 6500 Objekte umfassende Spielzeugsammlung, die Tomi Ungerer seit den 60er Jahren mit großer Leidenschaft zusammengetragen hat. Die grafischen Bestände bestehen aus dem Großteil der Originalzeichnungen, die Büchern und Plakaten zur Grundlage gedient haben, aus Drucksachen wie Postkarten oder Werbebroschüren, aber auch aus Skizzen und unpublizierten Projekten, die wertvolle Quellen für das Studium des Œuvres darstellen. Dieser Schatz ist einzigartig, zum einen, weil alle Genres darin vertreten sind (Zeichnungen für Kinderbücher, Werbezeichnungen, satirische und erotische Zeichnungen), zum anderen, weil er die gesamte künstlerische Laufbahn Tomi Ungerers umfaßt, von den Zeichnungen aus seiner Kindheit bis hin zu aktuellen Arbeiten. Die Sammlung der Straßburger Museen besticht daher sowohl durch thematische wie durch chronologische Kohärenz. Der Öffentlichkeit ist sie schon heute in einem Dokumentationszentrum zugänglich, das bald um ein reines Tomi-Ungerer-Museum erweitert werden wird.

Auch wenn der Versuch, das vielgestaltige Werk des Künstlers klassifizieren zu wollen, willkürlich erscheinen mag, lassen sich darin doch mehrere Gattungen deutlich voneinander unterscheiden. So stellen etwa die Zeichnungen für die Kinderbücher einen ganz wesentlichen Teil von Ungerers Œuvre dar. In seiner vierzigjährigen Arbeit hat der Künstler nicht weniger als dreiundfünfzig Kinderbücher publiziert, eine Leistung, die 1998 mit dem Andersen-Preis gewürdigt wurde. Von der Serie *Mellops* bis zur *Otto – Autobiographie eines Teddybären,* seiner letzten Kreation, hat Ungerer nicht gezögert, auf einem vermeintlich heiklen Gebiet immer wieder Tabus zu brechen und darin seine Kritik an der Konsumgesellschaft und Themen wie Ausgrenzung, Krieg und Nationalsozialismus zur Sprache zu bringen.

Daß ein Kinderbuchautor wie Tomi Ungerer sich für die erotische Zeichnung interessiert, hat ihm heftige Kritik eingetragen. Doch unbestreitbar handelt es sich dabei um ein außerordentlich faszinierendes Genre, und Bücher wie *Fornicon, Totempole, Schutzengel der Hölle,* die das Universum mechanischer und sadomasochistischer Sexualität thematisieren, oder Publikationen von deftigem, rabelaisschem Witz wie *Das Kamasutra der Frösche* und *Das liederliche Liederbuch* belegen dies. Daneben ist aber auch die Werbung eines der bevorzugten Gebiete dieses Künstlers geblieben, in der er seiner schöpferischen Phantasie und seiner Neigung zum Absurden freien Lauf lassen konnte. Davon zeugen Hunderte von Werbekampagnen, die er in Europa und den USA zu den unterschiedlichsten Themen konzipiert hat. Ein völlig anders geartetes Genre kommt hingegen bei der Betrachtung der Zeichnungen für das *Große Liederbuch* oder für *Heidi* zum Vorschein, die thematisch und stilistisch unmittelbar vom Deutschland des 19. Jahrhunderts inspiriert sind und auf Caspar David Friedrich, Moritz von Schwind und Carl Spitzweg zurückgehen.

Andererseits sind alle diese Gattungen in ihrer höchst vielfältigen Gestalt von jenem satirischen Geist erfüllt, der den Kern der Künstlerpersönlichkeit Tomi Ungerers ausmacht. Hiervon künden insbesondere Bücher wie *The Party, America, Babylon, Symptomatics, Politrics* und *Tomi Ungerers Schwarzbuch,* eine kritische Bestandsaufnahme unserer heutigen Gesellschaft und Politik.

Verzeichnis der Werke

Die gezeigten Werke stammen aus den Musées de Strasbourg

S. 6
Etikett von einem
Schulheft, 1941
Tinte auf Papier
21 x 14,6 cm

S. 7 oben
Spielkarte ›Schwarzer
Peter‹, 1943/44
Bleistift, Tusche, laviert,
auf Papier
9,6 x 6,5 cm

S. 7 unten
Aus meinem Schulheft,
1941?
Bleistift und Farbstifte
auf kariertem Papier
21 x 14,6 cm

S. 8 oben
Deutsche Touristen im
Elsaß, 1943
Bleistift, Tusche und Tinte,
laviert, auf der Rückseite
eines Formulars
21 x 27,2 cm

S. 8 links unten
Der lieben Großmama zum
Dank – Tomi, 1941
Fettkreide, Bleistift und
Farbstifte auf der Rückseite
eines Formulars
27,2 x 12 cm

S. 8 rechts unten
Ohne Titel, 1948
Bleistift, Farbige Tinte,
Tusche und Deckweiß auf
gelblichem Papier
12,7 x 11,7 cm

S. 9 oben
Unser Nachbar wird
verhaftet, 1940
Bleistift auf gelblichem
Papier
24,6 x 34,2 cm

S. 9 unten
Deutschland! 1943
Bleistift, Tusche, Tinte,
laviert, auf Papier
20,8 x 17,5 cm

S. 10 oben
Ohne Titel, 1946
Bleistift und Tinte, laviert,
auf dem Blatt eines
Spiralblocks
18 x 27 cm

S. 10 links unten
Pst, Feind hört mit, 1949
Bleistift, Tinte, laviert,
auf beigefarbenem Papier
14,8 x 10,9 cm

S. 10 rechts unten
Ohne Titel, 1944
Bleistift, Tusche und Tinte,
laviert, auf beigefarbenem
Papier
21 x 22,8 cm

S. 11
Auf dem Weg zur
Gefangenschaft, 1945
Tusche und Tinte, laviert,
auf Papier
29,7 x 21 cm

S. 12 oben
Miss World War 2, o.J.
Fettkreide, Tinte, laviert,
und Deckweiß auf Papier
79,9 x 58,2 cm

S. 12 unten
Die Ruinen sind die
Monumente eines Krieges,
erschienen in *Europolitain*,
1998
Tusche und Tinte, laviert,
auf Papier
29,7 x 21 cm

S. 13
Schwarzes Tier, 1994
Schwarze Tusche und
rote Tinte auf Papier
25,7 x 36,5 cm

S. 14
Schuldgefühl,
erschienen in *Politrics*

S. 15
Mitgegangen,
mitgehangen,
erschienen in *Europolitain*,
1998
Tusche, Tinte, laviert,
und Farbstifte auf Durch-
pauspapier
33,5 x 24,7 cm

S. 16 oben
Ohne Titel (Demontierte
Vergangenheit),
Variante von *Time Lag*,
erschienen in *Rigor Mortis*,
1981/82
Tusche auf Papier
39,9 x 30 cm

S. 16 unten
Im Zoo (Affen SS),
1980/89
Tusche auf Papier

S. 17
Die Kollaboration
unter dem Teppich (Die
vergessene Kollaboration),
1999
Tusche, laviert, auf der
Rückseite eines Formulars
40 x 50 cm

S. 18
Nach dem Krieg
(Kriegserinnerungen),
erschienen in *Babylon*,
1977/1979
Fettkreide auf Karton
40 x 30 cm

S. 19 oben
Die Versöhnung (Sollte
die alte Acquaintance
vergessen sein?),
erschienen in *Babylon*,
1979
Bleistift auf Papier
40 x 30 cm

S. 19 unten
Souvenir (Der geheime
Charme der Bourgeoisie),
erschienen in *Babylon*,
1977/79
Bleistift auf Papier
43 x 61 cm

S. 20 oben
Die Last der Vergangenheit
(Aufmaß),
erschienen in *Europolitain*,
1998
Tinte, laviert, und Farbstifte
auf Durchpauspapier
40,5 x 28,2 cm

S. 20 unten
Zwischen Hammer und
Amboß (Unmenschliche
Behandlung),
erschienen in *Europolitain*,
1998
Tinte und Tinte, laviert,
auf Papier
29,7 x 21 cm

S. 21
Amnesie International
(Gehirnwäsche),
erschienen in *Politrics*,
um 1979
Tusche und Tinte, laviert,
auf Papier
35 x 25,2 cm

S. 23
Perspektiven 1989
Tusche auf Papier
174 x 188 cm

S. 24 oben
Tête à tête, 1989
Aus dem Portfolio *Liberté*,
Égalité, Fraternité
Serigrafie
50 x 31 cm

S. 24 unten
La conception de l'empire,
1989
Aus dem Portfolio *Liberté*,
Égalité, Fraternité
Serigrafie
50 x 31 cm

S. 25 oben
Kopfspiel, 1989
Aus dem Portfolio *Liberté*,
Égalité, Fraternité
Serigrafie
50 x 31 cm

S. 25 unten
Hoch die Köpfe – alle
Menschen krepieren
gleich, 1989
Aus dem Portfolio *Liberté*,
Égalité, Fraternité
Serigrafie
50 x 31 cm

S. 26
Égalité, Fraternité, Éternité,
1989
Aus dem Portfolio *Liberté*,
Égalité, Fraternité
Serigrafie
50 x 31 cm

S. 27 oben
Kopf hoch
Aus dem Portfolio *Liberté*,
Égalité, Fraternité
Serigrafie
50 x 31 cm

S. 27 unten
Marianne und die
Gleichheit
Aus dem Portfolio *Liberté*,

Égalité, Fraternité
Serigrafie
50 x 31 cm

S. 28
Marianne und Germania 2,
1992
Serigrafie
74,8 x 55,5 cm

S. 29
Marianne und Germania,
1999
Fettkreide und Tinte,
laviert, auf Papier
70 x 50 cm

S. 30 oben
Hahn und Adler, 1980
Tusche und Tinte, laviert,
auf Papier
29,5 x 42 cm

S. 30 unten
Der Vergleich, 1980
Tusche und Tinte, laviert,
auf Papier
29,5 x 42 cm

S. 31
**Das Elsaß ist ein Loch
zwischen Frankreich und
Deutschland**, 1999
Tusche, farbige Tinte,
laviert, und Gouache
auf Papier
42 x 35,7 cm

S. 32 oben
Freundschaft, 1995

S. 32 unten
Partnerschaft, 1999
Tusche auf der Rückseite
eines Formulars
50 x 40 cm

S. 33
**Ohne Titel (Plakat für das
›Rheinfest‹)**, 1987
Tusche, Tinte, laviert, und
Farbstifte auf Durchpaus-
papier
29,6 x 21,4 cm

S. 34
**Freie Räder
(Tour de France)**,
1999
Tusche, laviert, und

Farbstifte auf Papier
41,7 x 29,7 cm

S. 35
Die Freiheit im Elsaß, 1998
Tusche und Tinte, laviert,
auf Papier
29,7 x 21 cm

S. 37
**Das Elsaß ist ein halber
Planet, oder: das ›No
Man's Land‹ Elsaß**, 1995
Tusche, Tinte, laviert, und
Gouache auf blauem Papier
und Bristolkarton
61 x 47,9 cm

S. 38
Was bin ich?
erschienen in *Europolitain*,
1998
Tusche und Tinte, laviert,
auf Durchpauspapier
31,4 x 23,4 cm

S. 39
**Elsässischer Hoselotl
(Am Bändel)**.
erschienen in *Europolitain*,
1998
Tusche und Tinte, laviert,
auf Durchpauspapier
32,6 x 23,2 cm

S. 40 oben
Ohne Titel, 1996
Tusche und Tinte, laviert,
auf Durchpauspapier
33 x 39 cm

S. 40 Mitte
Excorporé de force, 1996
Tusche und Tinte, laviert,
auf Durchpauspapier
33 x 39 cm

S. 40 unten
**Widerstandsbewegung
im Elsaß**, 1996
Tusche und Tinte, laviert,
auf Durchpauspapier
39 x 33 cm

S. 41
**Wo der Fuchs den Enten
predigt**, 1992
Tusche und Tinte, laviert,
auf Papier
41,7 x 29,6 cm

S. 42
**Für Fr. und D. gefallen
(Elsässisches Schicksal)**,
1990
Tusche, Tinte, laviert,
und Deckweiß
auf Durchpauspapier
47,6 x 31 cm

S. 43
Zwangseingegliedert, 1985
60 x 33 cm

S. 44
**Sprachverbot (Es ist schick,
französisch zu sprechen)**,
1989
59,9 x 43,8 cm

S. 45 oben
**Storch, Storch, du hast
keine Chance**, um 1980
Tusche und schwarzer Stift
auf Papier

S. 45 links unten
**Frankreich ans Elsaß
geben**, um 1980
Tusche und Tinte, laviert,
auf Durchpauspapier
35,5 x 28 cm

S. 45 rechts unten
**Wie uns die Zunge
gewachsen ist**, 1998
Tinte, laviert, auf Papier
29,7 x 21 cm

S. 46
**Mutter Elsaß
(Genug für beide)**, 1994
Tusche, Tinte, laviert,
und Farbstifte
auf Durchpauspapier
35,5 x 23,5 cm

S. 47
Das Narrenschiff, 1994
Serigrafie
59,2 x 41,9 cm

S. 48 und 49
**En Strossburi sen kä Junfer
mehr (Freßkultur Elsaß)**,
1994
Sepia, Tinte, laviert, und
Farbstift auf Durchpaus-
papier
45 x 86 cm

S. 50
**Auf dem Sauerkrautfluß,
oder: Indian Summer**,
1996
Tusche und Tinte, laviert,
auf Durchpauspapier
33 x 39 cm

S. 51 oben
Straß'cook, 1993
Serigrafie
79,8 x 59,9 cm

S. 51 Mitte
Straß'bier, 1993
Serigrafie
79,8 x 59,9 cm

S. 51 unten
Straßburger Musikfestival,
1994
Serigrafie
74 x 54 cm

S. 52
**Elsässische Wechseljahre
(Rettet die Ehe)**, 1994
Tusche und Farbstifte
auf Durchpauspapier
43 x 35,5 cm

S. 53
**Das Straßburger Münster
verläßt die Stadt**, 1988
Schwarze Tinte, Tinte,
laviert, und Deckweiß
auf Durchpauspapier
50 x 70 cm

S. 54
Rosarotes Leben, 1999
Tusche und Farbstifte
auf der Rückseite eines
Formulars
40 x 50 cm

S. 55
Die doppelte Identität,
1995
Tusche und Tinte, laviert,
auf Bristolpapier
64 x 51,9 cm

S. 56
Elsässische Schneckerei,
1994
Tinte und Farbstifte
auf Papier
42 x 29,6 cm

S. 57 oben
Elsässische Klagemauer,
1997
Schwarze Tinte auf Papier
29,7 x 21 cm

S. 57 unten
Endlich Europäer, 1994
Tinte und Farbstifte
auf Papier
21 x 29,7 cm

S. 58
**Achtung – die Deutschen
kommen**, 1995
Tinte, Tinte, laviert,
Gouache und Farbstifte
auf Papier
64 x 51,9 cm

S. 59
Wunderweise,
erschienen in *Spiegel
Spezial*, 1998
Tusche, laviert, auf Papier
29,7 x 21 cm

S. 60 und 61
Vati hat Geburtstag, 1970
Tusche und Tinte, laviert,
auf Papier
48 x 70 cm

S. 62
**Herr und Frau Müller am
Strand**,
erschienen in *Spiegel
Spezial*, 1997
Tusche und Tinte, laviert,
auf Durchpauspapier
28,4 x 22,8 cm

S. 63
Sylt, Sylt, 1980
Tusche, Tinte, laviert,
und Gouache auf Durch-
pauspapier
48,5 x 34,5 cm

S. 64
Die Bundesbahn, 1989
Tusche, Tinte, laviert, und
Deckweiß auf Papier
72,5 x 57,5 cm

S. 65
Der Veteran, 1989
Tusche, Tinte, laviert, und
Gouache auf Papier
72,5 x 57,5 cm

S. 66
Industrieller,
erschienen in *Babylon,*
1977/79
Fettkreide auf Papier
30 x 44,5 cm

S. 67 oben
**Wirtschaftswunder
(Räder müssen rollen
für den Sieg),** 1995
Tusche und farbige
Tinte, laviert, auf Bristol-
papier
61,9 x 49,9 cm

S. 67 unten
Krupp-Sphinx, 1999
Tusche auf der Rückseite
eines Formulars
40 x 50 cm

S. 68
**Weiß sehen, weiß hören,
weiß tragen mit schwar-
zem Schlips (Gastarbeiter),**
1995
Tusche und Tinte, laviert,
auf Bristolkarton
67,6 x 49,9 cm

S. 69
Einsatzbereit, 1994
Tusche, schwarze und
rote Tinte, laviert,
auf Papier
64 x 52 cm

S. 70
**Avanti populi
(Einkaufsbereit),**
erschienen in *Babylon,*
1977/1979
Bleistift auf Papier
28 x 21,6 cm

S. 71
**…was Du uns bescheret
hast (Unser täglich Brot),**
erschienen in *Babylon,*
1979
Bleistift und Tinte, laviert,
auf Papier
60,8 x 45 cm

S. 72 oben
Die Wand der Maurer,
erschienen in *Spiegel
Spezial,* 1997
Tusche, Tinte, laviert,

Farbstift auf Durchpaus-
papier
30,2 x 24 cm

S. 72 unten
Berlin,
erschienen in *Europolitain,*
1998
Tusche und Tinte, laviert,
auf Papier
29,7 x 21 cm

S. 73 oben
Held der Arbeit der DDR,
erschienen in *Babylon,*
1977/79
Bleistift auf Papier
29,7 x 21 cm

S. 73 unten
Arbeitslos, 1977/1979
Fettkreide auf Papier
29,3 x 21,5 cm

S. 74 oben
**Wahlkämpfer
(Die große Wurstpartei),**
1995
Tusche und Tinte, laviert,
auf Bristolpapier
67 x 49,8 cm

S. 74 unten
**Neofaschismus
(Pig Heil),** 1994
Serigrafie
59,3 x 83,7 cm

S. 75
Wiedervereinigung, 1994
Serigrafie
59,3 x 83,9 cm

S. 77
Die Diva von Europa,
erschienen in *Europolitain,*
1998
Tusche und Tinte, laviert,
auf Papier
36,1 x 25,5 cm

S. 78 oben
Plakat für den Europarat,
1994
Tusche, Tinte, laviert,
und Farbstift auf Papier
42,7 x 35,5 cm

S. 78 unten
**Europa via Elsaß (Heimat
deine Sterne),** 1992
56 x 43,2 cm

S. 79
**Straß'europa
(Der Europarat),** 1993
Serigrafie
79,5 x 59,9 cm

S. 80 und 81
Euroorgie,
erschienen in *Europolitain,*
1998
Bleistift und Tinte, laviert,
auf Papier
42,8 x 63,5 cm

S. 82 oben
Alle für eins,
erschienen in *Europolitain*

S. 82 unten
**Brüsselosis (Unsere
Niederlagen sind zuerst die
des Denkens),** erschienen
in *Europolitain,* 1998
Tusche und Tinte, laviert,
auf Papier
29,7 x 21 cm

S. 83 oben
**Superstaat Europa
(Anonyme Groß-
gesellschaft),**
erschienen in *Europolitain,*
1998
Tinte, laviert, und Farbstifte
auf Durchpauspapier
40,5 x 28,2 cm

S. 83 unten
Gleichheit,
erschienen in *Europolitain,*
1998
Tinte und Tinte, laviert,
auf Papier
29,7 x 21 cm

S. 84
Ohne Titel,
erschienen in *Spiegel
Spezial,* 1996

S. 85 oben
Ohne Titel, 1998
Tinte und Tinte, laviert,
auf Durchpauspapier
22,8 x 30 cm

S. 85 unten
Die Union hat die Kraft,
1998
Tinte und Tinte, laviert,
auf Durchpauspapier
18,9 x 27,8 cm

S. 86
Die neue Generation, 1995
Tusche und Tinte, laviert,
auf Bristolpapier
64,7 x 49,8 cm

S. 87
Ohne Titel, 1995
Tusche und Tinte, laviert,
auf Bristolpapier
62,7 x 49,9 cm

S. 88 oben
Taking off, 1977/1979
Fettkreide auf Papier
43 x 61 cm

S. 88 unten
Kettenreaktionär, 1995
Tusche und Tinte, laviert,
auf Bristolpapier
64 x 52 cm

S. 89
Ohne Titel, 1980
Fettkreide und Farbstifte
auf Papier
29,6 x 42 cm

S. 90
Ohne Titel,
erschienen in *Spiegel
Spezial,* 1995
Tusche, Tinte, laviert,
und Farbstifte auf
Durchpauspapier
25,8 x 21,9 cm

S. 91
Ohne Titel,
erschienen in *Spiegel
Spezial,* 1996
Tusche, Tinte, laviert,
und Farbstifte auf
Durchpauspapier
26,7 x 23,2 cm

S. 92
Ohne Titel, 1995
Tusche, Tinte, laviert, und
Deckweiß auf Bristolkarton
64,5 x 49,8 cm
S. 93

Ohne Titel, 1995
Tusche und Tinte, laviert,
auf Bristolkarton
64,7 x 49,9 cm

S. 94
Mehr Licht! 1995
Tusche und Tinte, laviert,
auf Bristolkarton
65,6 x 49,8 cm

S. 95
Aids-Plakat für Ardi, 1993
Tusche und Tinte, laviert,
auf Durchpauspapier
34 x 25,8 cm

S. 96
Im Wald, erschienen in
Europolitain, 1998
Tusche und Tinte, laviert,
auf Durchpauspapier
33,5 x 23,4 cm

S. 97
Die Zukunft? 1995
Tusche und Tinte, laviert,
auf Bristolkarton
66,6 x 50 cm

S. 112
Prinzip Hoffnung,
Variante in *Babylon,*
1977/79
Bleistift auf Papier
29,7 x 21 cm

Dieses Buch erschien anläßlich der Ausstellung ›Tomi Ungerer – Zwischen Marianne und Germania‹
im Museum für Kunst und Gewerbe, Hamburg (19.12.1999–13.2.2000),
und im Deutschen Historischen Museum, Berlin (16.3.–13.6.2000)

Die Veranstalter danken den Musées de Strasbourg
und dem Centre Tomi Ungerer für die Leihgaben.
Thérèse Willer setzte sich als Leiterin des Centre Tomi Ungerer für die Ausstellung
und die Auswahl der Leihgaben ein; bei der Organisation wurde sie in Hamburg von
Susanne Kähler unterstützt.

Das Museum für Kunst und Gewerbe Hamburg dankt
der ESSO Deutschland GmbH für die großzügige Förderung der Ausstellung.
Diese wurde initiiert und unterstützt von dem Türklinkenhersteller FSB in Brakel,
vertreten durch Jürgen Werner Braun.

Auf dem Schutzumschlag: Ohne Titel, 1999 (Centre Tomi Ungerer, Straßburg)

Die Deutsche Bibliothek – CIP-Einheitsaufnahme

Tomi Ungerer – Zwischen Marianne und Germania / Hrsg.: Wilhelm Hornbostel
München: Prestel, 1999
ISBN 3-7913-2274-5

Prestel Verlag
Mandlstraße 26 · D-80802 München
Telefon 089/38 17 09-0 · Telefax 089/38 17 09-35

Redaktion: Peter Stepan

Gestaltung und Herstellung: Ulrike Schmidt
Reproduktion: PHG Lithos, München
Druck und Bindung: Passavia Druckservice GmbH, Passau

Printed in Germany

ISBN 3-7913-2274-5

Prinzip Hoffnung